AF259826

H. DE KERNOUAB

LES ABOYEUSES

DE

JOSSELIN

JOSSELIN ET SES ENVIRONS

PARIS
IMPRIMERIE Vve HUGONIS
6, rue Martel, 6
1888

7K

H. DE KERNOUAB

LES ABOYEUSES

DE

JOSSELIN

JOSSELIN ET SES ENVIRONS

*Dédié à Mme Ve Chevallier,
née DE Locatelli.*

PARIS

IMPRIMERIE Vve HUGONIS

6, rue Martel, 6

1888

LES ABOYEUSES DE JOSSELIN

Josselin est un chef-lieu de canton du Morbihan, à douze kilomètres de Ploërmel célèbre par le *Pardon* de Meyerbeer. Celui de la localité est un mythe. Il n'y en a pas, du moins dans l'acception bretonne du mot, qui signifie assemblée, fête régionale et correspond à ceux de kermesse, ducasse usités dans le Nord.

La ville de Josselin a été célèbre au moyen-âge, à l'époque de la longue rivalité de Charles de Blois et de Jean de Montfort, et elle a défendu glorieusement l'honneur national dans cent combats livrés aux soldats d'Angleterre qui l'assiégeaient.

C'est de là que partirent les chevaliers bretons allant se mesurer avec leurs adversaires du camp anglais, dans ce duel à mort connu sous le nom de combat des Trente. La lande où eut lieu la sanglante mêlée est à mi-chemin de cette ville et de Ploërmel, occupée alors par les Anglais, d'où le nom de mi-voie donné à cet endroit. J'en parlerai plus longuement tout à l'heure ainsi que de quelques autres sites pittoresques de ce charmant pays.

On désigne par le nom d'aboyeuses des femmes, des malheureuses qui, sous l'empire d'une certaine agitation nerveuse, jettent de petits cris rauques assez semblables aux groguements du chien. Peu à peu la voix s'éclaircit et s'épand en appels sonores, précipités, aigus comme les notes du clairon ; cela devient un véritable aboiement, dont le timbre s'élève par degrés avec la progression de la crise. Après la période de paroxysme l'intonation baisse et s'exhale en une sorte de hurlement plaintif qui rappelle celui du chien en détresse ; ainsi la créature humaine a, comme la bête, dans le gosier, la gamme complète : elle grogne, aboie, hurle. Malgré la ressemblance on pense bien qu'il n'y a pas similitude ; son aboiement diffère essentiellement de l'autre par l'accent, moins pur, j'allais dire moins vrai, et qui reste quand même un cri humain. Tel qu'il est néanmoins il suffit pour justifier le nom qu'on donne à ces femmes.

Elles sont de la campagne généralement ; on n'en voit qu'à Josselin et aux fêtes de la Pentecôte. J'expliquerai cette singularité.

Ce jour-là, il se passe la chose du monde la plus extraordinaire qu'on puisse imaginer. C'est un spectacle unique qui impressionne vivement. On amène les aboyeuses à l'église et, de gré ou de force, on leur fait baiser un reliquaire placé dans l'un des bas-côtés, près du maître-autel. C'est une croyance ancienne dans le pays que par le secours de cette pratique elles sont guéries du mal terrible qui les possède.

Leurs conducteurs, *des gars*, jeunes, vigoureux, ont peine à accomplir cette tâche. La patiente résiste, se fait traîner. Rendue furieuse par la contrainte, elle cherche à frapper, à mordre. C'est une lutte acharnée où elle succombe inévitablement, bien qu'ils n'aient jamais recours aux voies de fait. C'est même un étonnant spectacle que ce contraste offert par l'exaspération de l'une et le calme imperturbable des autres.

LE DRAME

Je devrais dire le martyre. C'est la Pentecôte ; la nature est en fête ; elle a changé sa sombre et triste parure de l'hiver pour ses gracieux atours du printemps. Les champs verdoient ; dans les frais sentiers s'épand le parfum des violettes et de l'aubépine en fleurs. Les arbres agitent gaiement leur feuillage naissant. Les cloches de la vieille église, oubliant leur âge, tintent joyeuses. Il est six heures du matin. Les fidèles accourent en foule à la première messe. Tout à coup l'air retentit de cris de détresse. C'est une aboyeuse qu'on amène. Tenue par deux gars à la longue chevelure, aux larges braies, elle lutte avec énergie sur le chemin poudreux. Son visage est mouillé de sueur, sa voix grogne sourdement. Le trajet pour arriver jusqu'à la relique est long. Elle en profite et redouble d'efforts. Poussée brutalement elle tombe sur le sol ; ils la relèvent et le calvaire recommence. Exaspérée par la souffrance, elle bave et jette ces appels désespérés qualifiés d'aboiements. Ses guides restent impassibles mais ne lâchent pas leur proie. Ils se cramponnent à la malheureuse dont les vêtements sont tout déchirés. L'Église est proche. D'un élan suprême ils l'entraînent jusqu'au seuil du parvis. Là se livre un dernier combat. Il faut gravir les hautes marches de granit. Le corps rejeté en arrière, suspendue dans le vide, elle défie encore ses bourreaux, qui ont grand'peine à la retenir et empêcher qu'elle ne tombe, les attirant dans sa chûte. La victoire leur reste. Domptée, anéantie, livide, elle s'affaisse. Sa face est souillée de poussière. De ses yeux éteints coulent de grosses larmes. Elle fait pitié. Jetée contre le reliquaire, elle l'embrasse inconsciente, hurlant d'une manière faiblement plaintive et sa voix, brisée par la lutte, expire en un dernier hoquet. La voilà calmée ; c'est ce qu'on appelle la guérison.

Cela se passe pendant la messe, qui n'est nullement interrompue malgré ce bruit, ce désordre. Les assistants continuent de prier et elle s'achève dans un recueillement absolu.

Pendant le trajet de l'aboyeuse à l'église quelle est l'attitude des gens du pays ? Tout à fait indifférente. Ils s'écartent doucement de son chemin sans manifester de surprise ou d'émotion et finissent tranquillement leur course ou leur promenade. L'étranger s'arrête ému, mais nul ne songe à porter secours à la victime. Malheur à l'imprudent qui aurait cette pensée : saisi par vingt bras robustes il serait vite terrassé, foulé aux pieds.

A la sortie de l'église il faut quelle aille à une fontaine placée sous l'invocation de la Vierge du Roncier et distante d'un demi-kilomètre environ. L'eau s'écoule dans un bassin de pierre. On lui en fait boire avec une écuelle de bois. Elle est abattue encore, mais consciente. Alors seulement on lui rend la liberté.

Pendant ce temps-là de nouvelles aboyeuses sont menées à l'église par de nouveaux gars et la scène que j'ai décrite se renouvelle à chaque conduite. Cela dure jusqu'au soir. Ce spectacle attire à Josselin quelques étrangers. J'en ai été témoin vers 1855. Il m'impressionna vivement.

Les coutumes, les superstitions d...   ys ne changent pas facilement, en Bretagne surtout et, malgré les années, celles-ci n'ont pas dû se modifier.

Mais, dira-t-on, ces femmes qui se refusent à suivre leurs guides, les bousculent, écument et mordent ressemblent singulièrement à de vulgaires épileptiques. Il me paraît en effet que telle est la nature de leur maladie, seulement la surexcitation nerveuse affecte plus spécialement les muscles du gosier. En fait la crise montre absolument le caractère des affections épileptiformes. Faible au début, elle augmente progressivement par la contrainte exercée sur l'histérique et décroît insensiblement avec ses forces.

J'ai dit qu'une vieille croyance attribue au baiser de l'aboyeuse sur le reliquaire le don de la guérir. Le lecleur soupçonne, j'en suis sûr, qu'il y a une légende. Eh ! oui, point de vraie Bretagne sans cela. La voici. Elle servira à éclairer certains points du récit, obscurs pour qui ne la connaît pas.

LA LÉGENDE

Un jour, quand les chênes qui ont servi à construire les plus grands vaisseaux de Lorient n'étaient pas encore des glands, des femmes des environs de Josselin lavaient à un douez, sorte de mare au bord d'un chemin. Une mendiante, courbée par l'âge, leur demanda l'aumône. Loin de l'accueillir, elles la chassèrent en l'outrageant. La pauvresse insista. Furieuses, elles lancèrent un énorme chien qui les gardait. Tout à coup l'étrangère se transfigura ; ses haillons se changèrent en vêtements étincelants de pierreries ; les rides de son visage s'effacèrent et, leur montrant une figure rayonnante de gloire et de beauté, elle dit : « Femmes inhumaines, je suis la « Vierge Marie. Vous êtes sans pitié pour l'infortune. Je « vous condamne vous et votre postérité à aboyer comme « ce chien que vous avez lancé contre moi. » Et elle disparut dans un nuage. Une autre légende rapporte que, prenant en pitié leur désespoir, elle permit qu'à la Pentecôte ces malheureuses pourraient obtenir la rémission de la peine à condition de ne pas être en état de péché et d'aller en pélerinage à l'église de Josselin. Cette faveur devait s'étendre à leur descendance féminine mais après une année d'expiation.

Ainsi, d'après la tradition les aboyeuses seraient les rejetons de cette race maudite.

Le temps des légendes est loin. Notre siècle réaliste goûte peu les fictions. Je suis d'avis de ne pas en médire. Quand elles ne serviraient qu'à charmer nos loisirs, calmer nos ennuis, elles auraient du bon. N'oublions pas qu'elles ont bercé notre enfance. Et puis ces contes, souvent, sont de l'histoire, embellie voilà tout ; tels ceux du Paladin Roland, mort à Roncevaux, du roi Arthur ou Artus et de son fidèle conseiller l'enchanteur Merlin. D'autres, sous la forme de spirituelles allégories, d'ingénieuses paraboles, contiennent de hauts enseignements, d'admirables moralités, par exemple les légendes des Lavandières de nuit, de Gralon, roi d'Is, et de son horrible fille. Celle des aboyeuses enseigne le culte de la vieillesse, le respect du malheur.

Elle s'est conservée comme un pieux souvenir chez les campagnards des environs de Josselin. L'homme à l'amour inné du merveilleux, du surnaturel et ce penchant grandit dans la solitude. Or tel est le genre d'existence des paysans du Morbihan, que leur humeur mélancolique, taciturne éloigne instinctivement du commerce des autres hommes.

La légende facilitera au lecteur la compréhension du drame des aboyeuses. Tout d'abord elle explique l'impassibilité des gars en présence de leurs révoltes et aussi l'indifférence du public.

Les uns ont la conviction d'accomplir une œuvre pieuse, car à leurs yeux ce sont des possédées ; aussi quel calme ils montrent ! Elles ont beau se débattre, se tordre, ils ne bronchent pas. Leur visage ne trahit aucune émotion ni colère ; ils sont inflexibles comme le devoir ; tel le chirurgien au chevet du patient qu'il opère.

Quant au public, outre le respect de la tradition il y a chez lui l'habitude : familiarisé avec ce spectacle il ne s'en émeut pas et finit par n'y prêter aucune attention.

L'indifférence des fidèles à l'église s'explique par les mêmes raisons. Cette scène de l'épileptique qui crie, bouscule les assistants, renverse les chaises ils l'ont vue vingt fois et n'en sont pas étonnés. N'importe ! pour l'étranger elle est saisissante. Il sort se demandant s'il n'a pas rêvé.

L'absence de ce spectacle, les autres jours que celui de la Pentecôte, provient aussi des causes susindiquées. Ce n'est pas l'époque fixée pour la guérison. Inopportune, l'épreuve à laquelle on soumettrait ces femmes n'aurait pas d'efficacité. C'est une croyance générale. Il est présumable qu'en temps ordinaire elles vivent confondues dans la foule, vaquant en paix aux travaux des champs ou aux soins du ménage. Vienne la crise elles s'enferment et l'endurent en silence, convaincues qu'on ne viendra exercer sur leur personne aucune contrainte.

J'ai dit qu'elles sont de la campagne. Où va-t-on les chercher? Dans leur domicile, sans doute, connu ainsi que leur infirmité ; dans nos campagnes il y a entre les habitants une communauté intime d'habitudes, de sentiments, d'intérêts. Chacun d'eux connaît les affaires de son voisin. J'incline à croire que l'aboyeuse n'est nullement surprise par l'apparition des gars se présentant pour la conduire à l'église; qu'elle l'attend, anxieuse; consciente de son mal, elle connait la légende; cette anxiété même peut bien provoquer la crise. C'est l'effet de toute émotion vive, de sorte que la voilà déjà énervée, surexcitée, prête à la rébellion. A partir de cet instant le drame commence et il s'accomplit, on l'a vu, avec une logique inexorable.

La légende explique aussi pourquoi l'on ne rencontre pas en public d'hommes qui aboient; c'est que, s'il en existe, ils peuvent rester dans leurs maisons sans crainte qu'on ne vienne les en arracher pour les torturer. Étranger à la faute, leur sexe échappe à l'expiation.

Les aboyeuses sont-elles originaires du pays de Josselin? Viennent-elles d'autre part? Leur nombre est-il grand? Les moments de crise sont-ils fréquents? Il m'est impossible de répondre à ces intéressantes questions. Il m'aurait fallu séjourner dans la contrée, visiter ces femmes, me livrer à une enquête, ce que je n'ai pas fait. Je ne serais pas étonné qu'il y en eut une quantité notable. On sait que leur mal est contagieux. Cela est bien connu dans les hôpitaux. On a vu des malades atteints d'affections tout autres que l'épilepsie et pris par les convulsions au seul aspect d'épileptiques en proie à l'attaque. Quant à des renseignements de la part des habitants, il ne faut pas compter en obtenir. Ils observent, au sujet des aboyeuses, une réserve ou plutôt un mutisme systématique et absolu.

J'ai gardé pour la fin une question qui, j'en suis sûr, est sur les lèvres de chaque lecteur : Sont-elles guéries définitivement, radicalement par le baiser à la relique ? Ils ne me paraît pas impossible qu'il y ait quelques cas de guérison, non pas que ce contact matériel puisse modifier leur état physique et amener la guérison, mais elle peut résulter de l'impression ressentie, impression d'autant plus forte qu'elle a duré longtemps. Effectivement, née au seuil de leur domicile, elle se continue et s'accroît pendant le trajet à l'église, calvaire horrible, pour ne finir qu'à l'épuisement complet de leur force. Il y a là un ébranlement de l'organisme suffisant pour provoquer une révolution salutaire.

On connaît l'épilepsie. Issue d'un trouble de système nerveux, le même phénomène peut la faire cesser. A l'appui de cette vérité voici un fait curieux : Dans un hôpital de Paris deux femmes, malades de la fièvre, furent prises de convulsions nerveuses. Le médecin de la salle craignait la contagion. Il commanda de mettre un fer au feu et de le chauffer à blanc. Quand on le lui eût apporté, il s'avançât lentement, au milieu de l'anxiété générale, vers le lit de la première des malades et prit ses dispositions comme s'il allait lui imprimer sur la chair la tige brûlante. Immédiatement la crise cessa chez toutes deux. Il est évident que cela fut le résultat de l'impression de terreur éprouvé subitement, inopinément par ces malades.

Des sceptiques ont nié la réalité du mal qui tourmente les aboyeuses et la sincérité de leurs conducteurs. Il me paraît inadmissible qu'il y ait supercherie. Pour quiconque a assisté au spectacle précédemment décrit les symptômes manifestés par les unes sont aussi réels que la bonne foi des autres et c'est précisément ce qui constitue l'effet poignant du drame.

JOSSELIN ET SES ENVIRONS

Cette étude serait incomplète si je ne disais quelques mots de ce pays et des souvenirs émouvants qui s'y rattachent.

Le chef-lieu d'arrondissement est Ploërmel, ancienne ville forte, célèbre au moyen-âge par les sièges qu'elle eut à soutenir. Elle a de très beaux restes de ses anciens remparts et une église du seizième siècle, dite des Ursulines, à la façade ornée de très curieuses sculptures. J'ai dit qu'elle n'a pas de pardon. Cela est vrai, du moins dans le sens exact du mot dont on désigne en Bretagne ces réunions, où viennent en foule les habitants de toute une contrée dans leur costume national, qui durent plusieurs semaines, fêtes domestiques et religieuses, fertiles en indulgences et en plantureuses agapes, et dont le pardon de Sainte-Anne-d'Auray est le type parfait.

Bien plus remarquable est Josselin, située à douze kilomètres à l'ouest, sur la rivière de l'Oust. Un fier château la domine. Olivier de Clisson, connétable de France, y est mort en 1407. Son père, Olivier III, avait été décapité par ordre de Philippe VI de Valois comme partisan de Jean de Montfort, allié des Anglais, et sous prétexte qu'il entretenait des relations avec eux. Quoique élevé en Angleterre, le connétable porta toujours à ce pays une haine mortelle. Il fut le frère d'armes de Duguesclin. C'était un terrible compagnon. Par ses cruautés il avait mérité le surnom de *Boucher*. Dans l'église de Josselin est sa statue, en marbre blanc, avec celle de sa femme. Toutes deux sont couchées sur une table en marbre noir.

Un bourg, qui fut aussi jadis une place forte, est situé sur l'Oust, en amont de cette ville et près des limites des Côtes-du-Nord, c'est Rohan, qui a donné son nom à l'une des plus puissantes familles de France. Il ne reste plus que des vestiges de l'ancien château seigneurial.

J'ai parlé du combat des Trente. C'est à mi-chemin de Ploërmel et de Josselin, à gauche en allant à cette dernière ville, qu'il eut lieu. Il n'est pas de grande bataille livrée sur le sol de France qui ait plus vivement frappé l'imagination populaire que cette lutte à outrance entre champions de races ennemies. En réalité ils étaient soixante. La moitié était composée d'Anglais, d'Allemands, de Brabançons, l'autre de chevaliers bretons.

C'est l'occasion de rappeler qu'un peu avant l'époque de ce choc terrible le parti de Blois, qui tenait pour la France, avait éprouvé un échec grave par la défaite de Gui de Nesles, sire d'Offémont tué par les Anglo-Bretons. La victoire des Trente ne fut donc qu'une revanche. Cette sanglante « passe d'armes » eut pour cause un défi porté au châtelain anglais, Richard Bramborough, qui commandait à Ploërmel, par Robert de Beaumanoir, maréchal de Charles de Blois et gouverneur du château de Josselin. Le Breton convia son adversaire à jouter « de fer de glaives pour l'amour de leurs amies. » Chacun amena vingt-neuf chevaliers ou écuyers dans la lande fameuse. « Là furent faites telles apertises d'armes que « si tous eûssent été Rolands ou Oliviers » dit Froissart.

Les soixante champions se battirent à pied « avec « courtes épées de Bordeaux, roides et aigües, et épieux « et dagues et les aulcuns (quelques-uns) avec des ha- « ches. On n'avait pas ouï *recorder* chose pareille depuis « plus de cent ans, » dit notre chroniqueur. Dans cette terrible mêlée, pas un cri. La lutte ne cessa que lorsque les combattants furent morts ou grièvement blessés. Quatre Français et neuf Anglais, entr'autres le capitaine de Ploërmel, Bramborough, restèrent morts sur place. Le reste des Anglais, hachés de blessures, se rendirent aux Français qui n'étaient guère en meilleur état. Au

commencement du combat, Beaumanoir avait été blessé
« porté par terre » (Froissart). Le chef anglais, s'élançant
sur lui, dit, d'après un poète du temps :

> « Rends-toi tôt, Beaumanoir, je ne t'occiray mie,
> « Mais je ferai de toi beau présent à ma mie. »

Beaumanoir répond :

> « . . . . Je te le surenvie. »

Et, se redressant par un effort suprême, il lui plongea
sa dague dans la gorge.

Le poète ajoute :

> « De sueur et de sang la terre rosoya. »

Comme le chef breton souffrait de la chaleur et de-
mandait à boire, un de ses compagnons, Geoffroy-Dubois,
lui répondit tout en se battant : « Bois ton sang, Beaumanoir! » Celui-ci saignait par plusieurs plaies béantes.

Sur la lande, autrefois nue, s'élèvent des pins séculaires. Au milieu est une pyramide commémorative.

Combien de voyageurs passent devant ce champ sans
se douter qu'il fut jadis arrosé de sang. Mais l'armée, qui
garde le souvenir de nos gloires, connaît ce lieu vénéré
et, lorsque nos régiments passent là, changeant de gar-
nison ou allant en manœuvres, ils s'arrêtent; on bat aux
champs et les soldats présentent les armes. J'ai vu ren-
dre ces honneurs par un escadron de chasseurs. Mes
compagnons de route ni moi ne nous y attendions ; nous
éprouvâmes une surprise mêlée d'émotion à la vue de
ces cavaliers rangés en bataille, sabre haut. C'était la
Pentecôte. Le soleil faisait étinceler les armes. Une brise
légère courbait la cîme des vieux pins. On eût dit qu'ils
s'inclinaient pour répondre au salut des militaires. Ces
arbres séculaires c'est le passé. Sous la terre que couvre
leur ombre dorment les preux tombés dans le sanglant
combat. L'escadron aligné sur deux rangs c'était l'a-
venir.

Sur les confins du Morbihan et de l'Ille-et-Vilaine,
près du bourg de Plélan-le-Grand, s'étend la forêt de
Paimpont, reste des immenses halliers de Brocéliande
ou Brécilien, célèbre dans les romans de la Table-Ronde.

Là se trouvaient le *val des faux amants* où restait captif tout chevalier parjure à sa foi ; la *Fontaine bouillante de Barenton*, dont l'onde était agitée de frissons magiques. On y montait par un riche perron. La margelle était une émeraude. Cette eau, prise dans un bassin d'or et répandue sur l'une des marches, amenait l'orage, le tonnerre.

Ces lieux, suivant la tradition, avaient été longtemps témoins des amours de l'enchanteur Merlin et de la fée Vivianne. Elle rapporte même « qu'il s'y trouvait encore « endormi d'un sommeil magique au pied d'un buisson « d'aubépine. »

La fontaine est dans la partie occidentale de la forêt de Brocéliande. Aujourd'hui déserte elle disparaît sous les ronces.

A trois kilomètres de là, non loin du village de St-Malon, se trouve, dans une lande aride, une immense pierre qu'on dit être le tombeau de Merlin.

Ce personnage, surnommé Ambroise l'enchanteur, né, selon la légende, à Camarthen, mort dans l'île de Bardsey fut, au demeurant, un grand mathématicien, un sage par excellence et l'ami, le conseiller de quatre rois d'Angleterre, notamment d'Artur ou Arthus. C'est dans les romans de la chevalerie seulement qu'il « métamorphose « qui il lui plaît, transforme les rochers en géant, échappe « à ses ennemis dans un vaisseau de verre », etc.

Paimpont, jadis Pen-Pont, du mot celtique *Pen* (tête), parcequ'il était le principal endroit de la Commune, en est encore le chef lieu.

L'origine du pays fut une vaste abbaye dont on attribue la fondation à Judicaël, fils du roi breton Hoël, qui finit sa vie dans un monastère et fut canonisé.

Une chronique rapporte que, le roi de France Dagobert lui ayant déclaré injustement la guerre, il marcha résolument du fond de l'Armorique au devant des troupes envoyées contre lui, les battit et les chassa jusqu'au Mans ; qu'une seconde armée royale, commandée par le duc de Chartres, fut exterminée aux environs de Laval dans une embuscade tendue par Budic, comte de Cornouailles, lieutenant de Judicaël : « Exempt d'ambition,

« il revint en Bretagne après sa victoire et renvoya au
« monarque franck, sans rancon, le duc qui avait été fait
« prisonnier. Emu de sa noble conduite, Dagobert voulut
« le voir et lui envoya saint Eloi, son ministre, qui
« l'emmena à la cour. Il fut reçu par le roi avec toutes
« sortes d'honneurs. Touché par les vertus et la piété de
« saint Ouen, familier de Dagobert, il abdiqua la cou-
« ronne après son retour en Armorique et entra au mo-
« nastère de Gaël. »

Telle est la tradition. L'impartiale histoire attribue à
Judicaël moins de grandeur d'âme. La vérité c'est que
les Bretons ayant, durant les vendanges de 537, 538, 590,
dévasté, selon leur habitude, les territoires de Rennes et
de Nantes, le roi Dagobert, qui venait d'exterminer dans
les plaines de Poitiers les Wascons unis aux Aquitains
insurgés, résolut de prévenir les révoltes des guerriers
d'Armorique. Il expédia des messagers à Judicaël pour
« lui signifier qu'ils se hâtassent d'amender ce qu'ils
« avaient fait de mal et de se remettre en son pouvoir,
« sinon que l'armée de Burgondie, qui avait été chez les
« Wascons, se jetterait sur la Bretagne. » Ju icaël, malgré le prestige et la puissance dont il disposait, n'osa
braver les armes des Francks et vint humblement trou-
ver Dagobert à la métairie royale de Clichy « avec de
« beaux présents » et il promit « que lui et son royaume
« de Bretagne seraient toujours soumis à Dagobert et au
« Francks » (Fredegher ou Frédégaire).

Toutefois le roi d'Armorique ne voulut point s'associer
aux somptueux repas du monarque libertin et aima
mieux partager la table du référendaire Dade, autrement
appelé Audoën, ami de saint Colomban, disciple de saint
Eloi, depuis évêque de Rouen et qui est connu sous le
nom de saint Ouen. Saint Eloi avait montré un grand
talent de négociateur en amenant Judicaël à faire sa sou-
mission. Le roi l'en récompensa en le nommant évêque
de Noyon. Judicaël mourut, en 658, dans un monastère
qu'il avait quitté (632) pour reprendre sa couronne après
la mort de son frère Salomon.

Quant à la fameuse embuscade où seraient tombés les

Francks un peu avant le départ de Judicaël pour Clichy,
le chroniqueur a commis un véritable anachronisme. Il
veut parler sans doute de l'un des épisodes que voici (des
deux peut-être) et qui eurent lieu dans la guerre entre
les Bretons et les troupes de Dagobert envoyées pour les
châtier de leurs incursions dévastatrices. (Évènement
relaté plus haut).

Parvenu, après avoir passé l'Oust, dans le fond du pays
de Vannes, le gros de l'armée francke, commandé par
Beppolen, duc de la marche de Bretagne, s'était élancé à
travers les marais et les fondrières, comptant sur l'arri-
vée d'Ebraher, son lieutenant. Il fut trahi par celui-ci ;
après trois jours d'une lutte acharnée, il tomba percé de
coups ; ses compagnons furent pris, égorgés ou noyés
dans la vase des marais.

Le second épisode se passa à la traversée de la
Mayenne, pendant la retraite. Les populations angevines,
que les troupes franckes avaient pillées à leur premier
passage, tendirent aux divers détachements des embus-
cades où ils tombèrent les uns après les autres ; la plu-
part furent massacrés ou noyés dans la rivière (590). —
Grégoire de Tours. — Livre IX.

Nous voici loin de Paimpont. Autrefois, sur la lisière
de la forêt, près d'un étang dont les rives étaient plan-
tées de grands arbres, se trouvaient d'importantes forges
fondées au commencement du dix-septième siècle et qui
furent l'apanage de riches et puissantes maisons : de
Montfort, de Rieux, de la Trémouille, d'Orléans. En 1860,
quand j'ai visité ce pays, elles appartenaient à cette dernière famille.

La forêt de Paimpont est une des plus étendues de la
Bretagne, qui en contient pourtant un très grand nombre. Ce qui la distingue entre toutes et en fait l'attrait
particulier, irrésistible, c'est la grande quantité d'étangs
qu'abritent ses ombrages. Le plus vaste est celui du Pas-
du-Houx, situé sur la gauche de Paimpont. Il a près de
deux kilomètres de long : un véritable lac. Quant aux
cours d'eau, aux sources jaillissantes il y en a tant qu'on
ne les compte pas. Les sources de Néant, nom d'un vil-

lage situé sur la lisière de la forêt, méritent une mention. Elles sont bien connues des voyageurs.

Certaines clairières de cette région mystérieuse étaient restées si longtemps ignorées de leurs voisins qu'une sorte de république de paysans avait pu s'y maintenir ; c'était celle de Thélin. Les Thélandais se gouvernaient eux-mêmes et, chaque année, réunis auprès d'une fontaine, ils élisaient par acclamation les administrateurs publics ; leurs propriétés étaient communes. Mais dès que leur isolement cessa ils perdirent à la fois leurs privilèges et leurs mœurs ; l'ancienne république de Thélin n'a laissé qu'un nom.

Dans les environs est un pays appelé Kon-Kored, que l'on écrit Concoret. Ce nom signifie Vallon des Fées. Cette paroisse est fameuse par le souvenir d'Eon de l'Étoile, qui y naquit. Ce gentilhomme prétendait être le fils de Dieu. Se proclamant le Messie, il parcourut, prêchant sa doctrine, la Bretagne, le Poitou, la Saintonge, etc; c'était vers 1140. Il fit des prosélytes, à qui il enseignait sa religion. Les habitants de Concoret sont appelés « les sor- « ciers dans tout le pays de Vannes depuis le douzième « siècle à cause de la très grande part qu'ils prirent à « l'hérésie d'Eon. (Émile Souvestre). »

Cet illuminé vécut d'abord dans un monastère voisin de Concoret et dont on montre les ruines. Le chef de cette communauté ayant voulu l'envoyer dans le couvent de Paimpont, il refusa d'y aller et quitta le cloître pour se faire chef de religion. Ses adeptes furent nombreux et ardents. Il les qualifiait du titre d'apôtres, puissances célestes, et les distinguait par des appellations symboliques comme celles-ci : *Science, jugement, sagesse, vertu,* etc. On ne sait quelle était sa doctrine. Les écrivains qui se sont occupés de lui ont négligé de nous le faire connaître. Othon de Freisingen, chroniqueur allemand, qui fut évêque de cette ville, raconte sérieusement dans sa chronique, composée de sept livres, qu'Eon avait le pouvoir de se transporter d'un bond à des distances prodigieuses, de se procurer de l'or à volonté.

Ce singulier personnage vivait avec ses disciples dans

la forêt de Brocéliande près Concoret. Il leur enseignait la magie ; mais il ne bornait pas là ses occupations. Il faisait aussi en leur compagnie des excursions nocturnes sur les terres du clergé et des nobles et les pillait congrument, ce qui causa sa perte. Arrêté par ordre du duc de Bretagne, en 1148, il fut conduit au Concile de Reims, présidé par le pape Eugène III. Là sa morgue ne l'abandonna pas. Invité à se nommer, il répondit qu'il « était « celui qui jugeait les vivants et les morts », forfanterie qui ne lui réussit pas. Estimé fou plutôt qu'hérétique, il fut enfermé dans une prison et y mourut. On traita ses disciples plus cruellement que lui-même. Condamnés au feu ils se laissèrent conduire tranquillement vers le bûcher, confiants en la parole d'Eon, qui leur avait fait accroire qu'ils avaient le pouvoir de commander les éléments et que les flammes s'écarteraient d'eux à leur injonction ; ils ne recouvrèrent la raison qu'en sentant le feu les dévorer. Cela se passait pendant l'absence de Louis VII. Le pape Eugène III, ami de saint Bernard, s'était proposé, en réunissant le Concile, de sévir contre les sectes religieuses qui divisaient la Gaule : *Henriciens, Patérins, Catharins,* etc. Après Eon le Concile jugea un autre hérésiarque, Gilbert de la Poirée ; condamné, il se rétracta. (Fleuri, *Histoire ecclésiastique*).

J'ai épuisé mon sujet. Comme on le voit, ce pays breton est fertile en souvenirs. Il en a d'âpres comme son sol de granit, de tendres et touchants comme ses sentiers mystérieux enfouis sous l'ombre des vieux chênes. On peut l'ignorer. Il est difficile de l'oublier quand on y a vécu, impossible de ne pas l'aimer quand on y a reçu le jour.

Paris. — Imp. Vve Hugoxis, 6, rue Martel.